EL CHICO DE LAS ZAPATILLAS Y LA NIÑA DEL TIMBRE

APULEYO EDICIONES   FOMENTO DE VALORES   CUENTOS ILUSTRADOS

Para Carol y Enri, mis #Mum&Kids
A mis Balas Verdes.

Índice

PRÓLOGO
Érase una vez...
Un artículo para una revista *runner*

Hace unos años, el director de una revista de temática *runner* (o sea, de correr) se dirigió al club en el que yo entonces entrenaba para pedirle un artículo sobre el mismo, con el fin de publicarlo en su revista. De ahí partió la idea de compilar, con un enfoque de novela infantil-juvenil, y yo me decidí a continuar la tarea e intentar darle vida a un relato que pudiera dar gusto a quien disfrute de la lectura y, sobre todo, dar ganas de iniciarse o continuar con una actividad deportiva.

Todos los nombres de los personajes que se mencionan en *El chico de las zapatillas y la niña del timbre* pertenecen a miembros de aquel club, o Balas Verdes como nos gusta denominarnos. Las anécdotas, que en él se reflejan, son algunas autobiográficas (compartidas de forma espontánea por algunos de nosotros) y otras inventadas por la autora.

En cuanto a *Max y el dragón de arena*, cuyo autor es Roberto Redondo de Paz, me pareció el perfecto contrapunto dentro de un entorno (o campamento, siguiendo el contexto del libro) en el que, al igual que se encuentran juegos y atracciones lúdicas, se enmarcan cuentacuentos y obras de teatro infantil para el disfrute de los presentes. El propio argumento de *Max y el dragón de arena* surge de la imaginación de un niño de edad parecida a los protagonistas de *El chico de las zapatillas y la niña del timbre*, con lo que su inclusión en el mismo no desmerece en absoluto; más bien al contrario, lo enriquece, a mi parecer, con ese componente de fantasía tan necesario en la literatura de todas las edades, no solo infantil-juvenil.

Espero que disfrutéis de *El chico de las zapatillas y la niña del timbre*. Gracias por leer y recordad, correr, sobre todo, en buena compañía, no es solo correr.

2024.

Capítulo 1
¡Campeona!

—¡¡¡Mayte, Mayte, Mayte!!!

—¡¡¡Venga, Mayte, ánimo!!! ¡¡¡Campeona!!!

Mayte corría y corría, a más no poder, para que los otros niños no la adelantasen. Oía a todo el mundo gritando, banderas de colores volando y ella con sus piernas a tope. Sin embargo, Patricia LaGalga, que le sacaba dos cabezas, tenía la zancada más larga y acabó cruzando la meta por delante de ella.

—¡¡¡Bien!!! ¡¡¡Hurra, hurra!!!

Segunda, no estaba mal. Hubiera preferido ganar, pero quedar la segunda, antes incluso de Sofía QueMaja, le molaba un montón.

—¡Enhorabuena, Mayte, has corrido fenomenal! —Su profesor de gimnasia, Fernando, la cogió en brazos mientras le daba palmadas en la espalda—. Has ganado la medalla de plata en los Sports y, oye, ¡a lo mejor ganamos con la clase este año y todo!

Por la noche en su casa, comentando la jugada, Ana, su hermana de 10 años, le dijo:

—¡Jope! Yo quiero correr ya los Sports ¡Quiero tener doce años! Todos estábamos desgañitándonos para animarte. Incluso Carlos Chepitas, que ya sabes que es muy serio, gritaba como un loco.

—Bueno, Ana —intervino su madre—, vosotros tenéis mañana los Mini Sports, y son muy divertidos. Seguro que ese niño que corre que se las pela, el que gana todos los diplomas, estrena zapatillas. ¿Cómo se llama?

—¿El pequeñito flaquito? ¿Jaimi Tofrito? A ese no le hace falta ni la capa de Súper Ratón para ganar.

Y así, entre risas y con ganas de que amaneciera ya el siguiente día para volver a competir, se durmieron las dos niñas. Mayte incluso soñó que era mayor y se iba en avión a otro país, con unas amigas, a correr una carrera de muchos kilómetros que se llama maratón. En ella se corre la distancia que hay desde una ciudad griega llamada Maratón y la propia capital del país, que es Atenas, donde se celebraron por primera vez unos juegos deportivos para conmemorar el alto el fuego en las guerras de la Antigua Grecia.

Los Mini Sports fueron muy divertidos y los juegos de este año eran, además, complicados. A Ana le tocó hacer de «enferma» en el suyo. Dos niñas la llevaban de brazos y piernas como si fuera sobre una camilla imaginaria.

—¡Cuidadooo! —le dijo su mejor amiga Meri, cuando notó que Ana se le resbalaba de las manos e iba a dar con su trasero en el suelo. Ana casi acaba a la pata coja, pero en el último instante consiguieron equilibrarla.

Así, entre juego y juego, tómbola y meriendas de todos los puestecillos, en uno de los cuales estaba su madre despachando, pasó la mejor tarde de todo el año y llegó a su casa cansadísima y más feliz que una perdiz.

Unos días después, mientras estaban en casa acabando de cenar, Mayte les dijo que había llegado una niña nueva al colegio.

—¿Ah, sí? —exclamó Ana con curiosidad—. ¿Ahora, casi a final de curso? ¿Cómo se llama?

—Tiene un nombre raro, se llama Lu.

—¿Lu, como Luisa?

—No sé, solo dice Lu. Además, habla diferente.

—¿A qué te refieres con diferente? —preguntó la madre de las niñas—. ¿Acaso no habla español?

—Sí, sí habla español, pero no como nosotros. Es el acento, es extraño. Creo que ha venido de América. Tiene el pelo con muchos rizos, parecen tirabuzones como los que le hicieron a la novia del primo Cirilo cuando se casaron el año pasado. Y los ojos los tiene algo separados y un poco achinados. Pero lo más raro de ella no es eso.

—¿Qué es? —preguntó su padre.

—Que va siempre con un timbre al colegio.

El último día del curso llegó, por fin, y les dieron las notas. Buenas, como siempre. Mayte y Ana eran niñas aplicadas, les gustaba estudiar y poder disfrutar del verano sin tener que preocuparse de los libros durante varias semanas.

De todas formas, su madre tenía la costumbre de hacerles leer y escribir durante las vacaciones para que no se «asalvajaran», como ella misma decía. Les contaba que en alguna ocasión le sucedió que no recordaba ni cómo sujetar el bolígrafo para escribir el primer día de colegio en septiembre. ¡Eso sí que era vaguear!

Eligió una colección de cuentos infantiles que trataban de un vampiro vegetariano llamado Cipriano (1). Mientras llegaba el momento de irse a la playa, sus días transcurrían entre la piscina; la hora de la siesta, que siempre era aburrida; y montar en bici y patines por la calle. Cipriano resultó ser todo un descubrimiento. Se turnaban con el libro electrónico de su madre y leían y miraban las ilustraciones que venían cada pocos capítulos. Mayte era una negada total para dibujar, sus muñequitos eran trazos, como los que salían del juego de las películas, y un círculo por cabeza, pero Ana tenía bastante buena mano y copió todos los dibujos del niño vampiro, cambiándole el color de pelo y la ropa y haciendo experimentos de colores y texturas con las ceras y las acuarelas.

Capítulo 2
Los Sports en Familia

Aproximadamente dos semanas después de haber terminado el colegio su padre llegó a casa con unos papeles en la mano.

—Niñas, mirad lo que os traigo. ¡Creo que os va a gustar!

Ellas se arremolinaron en torno a su padre mientras les enseñaba unas hojas donde se veía lo siguiente:

—Papá, sí, ¡queremos participar! ¡¡¡Apúntanos!!!

—Tranquilas, niñas, dejad que os explique, que no es tan fácil como parece. No se trata de nadar una piscina, o dar una vuelta en bici por el parque, o correr de aquí al quiosco. ¡Hay que hacerlo todo junto! ¡Y seguido, sin parar!

A las niñas se les salía el corazón del pecho, estaban tremendamente excitadas.

—Como sabéis, existen muchos tipos de modalidades deportivas como la natación, el ciclismo, el atletismo o el esquí. Y dentro de cada uno de esos deportes, hay muchas competiciones. Hay pruebas de natación de distintas distancias a estilos diferentes...

—Papá, seremos pequeñas, pero no tontas. Ya conocemos muchas de esas competiciones por la tele, anda que no te gusta a ti verlas y siempre nos las acabamos tragando contigo.

—Ya sé que habéis visto muchas, os estaba poniendo a prueba, je, je. No fueseis a ser de esas que ven la tele como las vacas miran al tren cuando pasa.

De una risita tonta de las niñas se pasó a una carcajada generalizada, imaginando a las vacas mirando al tren pasar con las orejas al viento y los pelos para atrás. ¡Ja, ja, ja, ja! Después de recuperar el aliento, el padre continuó con la explicación:

—Existe una modalidad deportiva llamada triatlón, donde se practican los tres deportes juntos. Primero se nada, luego se monta en bici y se termina corriendo. En los juegos olímpicos las distancias para cada deporte son bastante largas y no se puede parar entre uno y otro. Las bicis están preparadas en unos soportes, con las zapatillas ya enganchadas a los pedales. Los deportistas se lanzan al agua con un tritraje y un gorro en la cabeza (no nadan en piscinas sino en aguas abiertas, como un embalse, un lago, un río o el mar) y, sin parar de correr, se quitan el gorro, se ponen el casco, se montan en su bici y a seguir. Cuando recorren la distancia necesaria, vuelven al mismo sitio, dejan la bici en su soporte, se quitan el casco, se cambian de zapatillas y a correr. La carrera a pie suele ser la última prueba del triatlón.

—Y entre medias ¿no comen nada?, ¿no descansan?, ¿no beben? —Las niñas no perdían detalle de la explicación de su padre.

—En algún momento de la carrera, les ofrecen bebidas y algo de comer, como fruta cortada o zumos concentrados que les ayudan a mantener la energía y a recuperar los líquidos que pierden con el sudor. Son los avituallamientos.

—¿Y eso es lo que han organizado en tu empresa?

—Sí, eso mismo, pero para familias. Tenemos nuestros propios Sports. Para los más pequeñitos, creo qué de tres a siete años, hay juegos individuales como carreras de sacos, de obstáculos y otros así. A partir de 8 años se han inventado una especie de triatlón infantil. ¿Qué os parece? ¿Os gusta la idea? ¿Estáis dispuestas a empaparos y sudar la gota gorda?

El griterío de las niñas al decir SÍÍÍÍÍ casi le deja sordo.

—Muy bien —contestó su padre—. La fiesta es el sábado próximo, dentro de una semana. Hay que prepararse. Empezamos hoy y hasta el sábado que viene haremos una planificación para entrenar. Estaba seguro, con el afán por el deporte que tenéis últimamente, que querríais participar así que ya estamos apuntados.

Capítulo 3

El plan de entrenamiento. ¿Qué toca hoy?

Papá les hizo un plan que sobre el papel parecía agotador. Lo trajo de su oficina impreso y lo puso con un imán sobre la nevera.

Lunes:

Entrenamiento de carrera a pie.

Por la mañana, ritmo suave, 20' (veinte minutos, hay que empezar a acostumbrarse ya a la forma de escribir los cronos).

Por la tarde, ritmo suave, 20'.

Martes:

Entrenamiento de bici.

Por la mañana, ritmo suave, 30'. Es imprescindible llevar casco, nada de gorra al estilo Príncipe de Bel Air.

Por la tarde, ritmo suave, 30'.

Miércoles:

Entrenamiento en piscina.

Por la mañana, ritmo suave, 6 largos. Podéis elegir el estilo de natación más cómodo para vosotras. Lo normal es utilizar estilo libre (crol). Poneos gafas de nadar.

Por la tarde, ritmo suave, 6 largos. Mejor a última hora, cuando ya falte poco para cerrar la piscina. Y no os entretengáis hablando con Paula la socorrista.

Jueves:

Combinado piscina + bici.

Por la mañana, ritmo suave, 3 largos + 20'. Es hora de empezar a trabajar las transiciones (paso de una modalidad a otra).

Vamos a hacer corriendo la distancia de salida de la piscina hasta la entrada de la urbanización, donde previamente habremos dejado las bicis preparadas, con las zapatillas enganchadas a los pedales y el casco al lado.

Viernes:

Combinado bici + carrera.

Dejamos la bici en la entrada de la urbanización, nos quitamos el casco y seguimos. Moved las piernas con suavidad, sin tirones.

Segunda transición, la más dura pues hay que cambiar el «chip» del movimiento, que hasta este momento se ha estado haciendo con las piernas (el llamado «efecto de piernas de ladrillo»)

Por la mañana, ritmo suave, 20' en bici + 15' de carrera a pie.

Sábado:

Dejamos los nervios en casa y ¡a disfrutar!

Mayte y Ana miraron a su padre como si pensara que ellas eran los espíritus infantiles reencarnados de Paula Radcliffe y Jackie Joyner, famosas atletas de Inglaterra y Estados Unidos, respectivamente.

—¡Papá, no vamos a poder! ¡Esto es imposible!

—Yo en los Mini Sports solo hice carreras con otra niña y cargando a una tercera —exclamó Ana como si estuviera viendo al mismísimo Lucifer alado.

—Y yo quedé segunda, ¡pero era solo una vuelta! —dijo Mayte, con la vena de la frente un poco hinchada.

—Shhh, shhh, shhh. —Su padre se llevó un dedo a los labios pidiendo silencio de forma tranquila. Su madre, mientras tanto, se acercó a ellas y las acarició suavemente para calmarlas.

—Niñas, tranquilas —contestó él, con voz pausada—. Veréis como todo sale bien. Mirad lo que os he traído.

El padre extrajo de una bolsa de deportes dos camisetas de neopreno de colores fosforitos, dos bidones de agua para bicicleta y dos gomas elásticas, todo a juego. Para Mayte, verde manzana Granny Smith, y para Ana, azul cielo.

—¿Os cuento una anécdota? —preguntó su madre, viendo la forma de *boomerang* de la marca de todo lo que había traído el padre de las niñas—. Sabéis —continuó ella ante la atenta mirada de todos—, este dibujo, este logotipo que es la palabra exacta que define a la imagen que representa a una marca, está inspirado en la diosa griega de la victoria llamada Niké, que se representa como una estatua de mujer con alas. Es, concretamente, la forma de una de las alas. Si alguna vez cae en vuestras manos una medalla olímpica y miráis en uno de sus lados, veréis su figura con una corona de laurel.

La diosa Niké en el anverso de una medalla olímpica de oro de Barcelona '92.

Capítulo 4
La mañana de la fiesta

La mañana de los Sports en Familia amaneció radiante. Una brisa fresca, y a la vez cálida, anticipaba una jornada calurosa y festiva. Mayte y Ana, contrariamente al estado de nerviosismo de la semana anterior, habían dormido a pierna suelta. Su padre les había dicho que el riguroso entreno no estaba destinado a ganar —ni siquiera a rozar el podio, según decía él— sino más bien a resistir las tres modalidades del triatlón infantil y disfrutar a la vez. Habían superado las agujetas del primer día con el resultado de cojeras y dolores. El cuarto y el quinto día ya habían incluso aprendido a respirar sin tener ese dolor agudo en el costado llamado flato, y el sexto día las ampollas amenazaban con salir bajo los calcetines, pero por suerte no se hincharon y se quedaron en pequeñas rozaduras que unas tiritas estratégicamente colocadas consiguieron tapar.

Desayunaron temprano lo mismo que acostumbraban a tomar todos los días. Zumo, cereales, leche y unos pistachos (esto era un extra) para añadir energía. Su madre les había dicho que, en el día de una competición, nada de hacer experimentos con gaseosa en el desayuno. No se debían tomar alimentos nuevos que no se sabía cómo los iban a digerir.

—Imaginaos —les dijo ella—, que en mitad de la carrera de repente os da un retortijón y no hay ningún baño cerca. No es la mejor opción, en cuclillas y al lado de un arbolito, para encontrarse con la naturaleza ¿no os parece?

A las niñas les entró una risita floja, mezcla de vergüenza y espanto. No, mejor dejar los alimentos que nunca habían probado para cuando tuvieran papel higiénico a mano.

Metieron en sus mochilas las zapatillas para correr, que serían las mismas con las que harían el tramo de bici, la camiseta de neopreno, el traje y el gorro de baño, y el pantalón corto. La camiseta del equipo al que cada una perteneciera les sería entregada al llegar al recinto donde tendrían lugar los Sports, en los jardines que rodeaban la empresa donde su padre trabajaba. Allí habían dejado el día anterior las bicicletas, colocadas en los soportes que hay en la zona de salida de la piscina. Las gomas que fijarían las zapatillas a los pedales estaban ya debidamente unidas con velcro a los cordones elásticos de estas. Habían estado ensayando, toda la mañana anterior, la forma más cómoda y rápida de sacar la zapatilla de la goma al bajar de la bici, para no acabar dándose de bruces contra el suelo.

La zona de entrada a los jardines estaba totalmente decorada con globos, castillos hinchables, toboganes gigantes, puestos de comida, un pequeño recinto con coches de choque y otras atracciones infantiles, y todo bajo una enorme pancarta donde figuraban, con letras de colores brillantes, las palabras «DÍA DE LOS SPORTS EN FAMILIA». Las niñas y sus padres se quedaron durante unos instantes en silencio y con la boca abierta, incapaces de articular palabra ante aquel maravilloso despliegue de color, juegos y diversión.

—Caramba, papá, ¡qué bonito está todo! ¡Qué bien organizado! —exclamó Mayte maravillada.

—Pues sí, la verdad es que no falta detalle. Me consta que ha habido un comité organizador de los Sports en Familia que no ha parado de trabajar para que el día de hoy nos resulte inolvidable.

En ese momento observaron cómo un señor, algo más joven que su padre, se acercaba a él con la mano extendida a modo de saludo. Detrás de él una niña, más o menos de la edad de Mayte, lo observaba todo de forma expectante.

—¡Qué alegría, Dwayne, que al final hayáis podido venir! Esta es tu preciosa hija, supongo.

—Gracias, Ignacio, sí. El resto de nuestra familia llegará en unos días así que aquí estamos. Lu, ven a conocer a mi compañero de trabajo y a su familia.

Las niñas, sorprendidas, vieron a aquella de la que habían estado hablando en su casa algunas semanas antes, la niña nueva. Unos rizos compactos cubrían toda su cabeza y unos ojos levemente rasgados las miraban con timidez, asintiendo levemente con la cabeza a modo de saludo. En su mano, un timbre pequeño de color plateado algo descolorido, de esos de bici.

—¿Vas a participar en la carrera? —Ana, llevada por su curiosidad por hablar con aquella niña, no dejó pasar la oportunidad.

—Sí, en la de obstáculos —respondió la niña con acento cantarín.

—¿De dónde eres? Tu acento es extraño.

—Somos de una isla del Caribe que se llama Aruba, y los últimos años hemos vivido en México —habló el padre de Lu.

—Dwayne trabaja en nuestra sucursal en México, y su familia y él se trasladan a España durante unos años —añadió el padre de Ana.

Capítulo 5

La niña del timbre

Los padres de Mayte y Ana, y el de Lu, se adelantaron hablando de todo lo que veían y saludaban a otros compañeros mientras las niñas, caminando detrás de ellos, se observaban a hurtadillas. Ellas también miraban a su alrededor mientras se iban acercando a la zona donde estaba la piscina. Empezaron a ver niños por doquier preparándose para las pruebas de la carrera. Las chicas se ponían los gorros intentando meter en ellos melenas, coletas y trenzas de todos los largos posibles. Otras probaban a ponerse las gafas de nadar para que no se les cayeran al tirarse al agua. Los más valientes se metían en las duchas para aclimatar sus cuerpos y golpeaban ligeramente sus brazos, piernas y mofletes.

—Hola, Lu. —Una voz algo rasposa de chico saludó a sus espaldas. Las tres niñas se giraron y Ana, asombrada, vio a Carlos Chepitas dirigiéndose hacia ellas—. Me alegro de que hayas podido venir. Así al menos somos ya dos en el equipo. —Se giró a Mayte y le dijo—: Me gustó como corriste en la carrera de los Sports, aunque no ganaras.

—Gracias —contestó Mayte—. Espero que hoy me sirva de algo. ¿En qué participas tú?

—Obstáculos —respondió Carlos—. Llevo dos semanas preparándome. He ido a un polideportivo donde tienen una pared de escalada y he estado subiendo y bajando a pulso. Pero me parece que me he «pasao» un poco con el entrenamiento... —dijo el niño, señalando sus pies.

Las chicas miraron hacia abajo y vieron que Carlos, contrariamente a ellas y a la mayoría de los que iban a participar en las pruebas, llevaba unos escarpines de buceador. Ellas mismas usaban chanclas de playa y otros directamente estaban descalzos. El niño continuó con su explicación:

—He ido todos los días al polideportivo Capitán Barlovento corriendo desde mi casa, llegaba directamente al borde de la piscina, me quitaba las zapatillas, me tiraba de cabeza y nadaba unos largos. Luego salía y justo al lado hay un rocódromo, que es lo mismo que una pared de escalada. Sin secarme ni nada me ponía a trepar, poniendo los pies mojados sobre las presas de apoyo. Así, día tras día durante los diez últimos.

Las niñas no perdían detalle de aquello, estaban alucinadas con aquel chaval tan serio y, sin embargo, tan espontáneo que no tenía ningún reparo en contarles qué le había pasado en sus pies; a los pobres lo único que les faltaba era echar humo, debían de estar achicharrándose con el calor que hacía ya a esas horas de la mañana y cubiertos por ese plástico que parecía tan duro.

—Hace cinco días me empezaron a picar de forma endiablada y no podía dejar de rascarme. —Carlos continuó con su historia—. Mi madre me dio una crema para curarlos, pero nada, siguen con unos sarpullidos horribles. Total, que fui al médico y me ha salido una infección que se llama pie de atleta, debida casi seguro a haber estado con los pies mojados todo el tiempo sobre las presas llenas de porquería.

A medida que avanzaba en su relato, el tono de voz de Carlos iba aumentando en vehemencia y en ese momento el chico estaba absolutamente rojo de ira, poco menos que les gritaba a las niñas quienes se echaron instintivamente hacia atrás. De repente él se relajó, sonrió y les dijo:

—No me miréis con esa cara de susto, es que me he cabreado mucho porque tengo que llevar estos escarpines en verano y mis amigos del barrio me están llamando Pinki todo el tiempo. ¡Y me están tocando las narices con la guasa, la verdad!

Ya en los vestuarios, las chicas a un lado y los chicos a otros, se cambiaron de ropa. Cuando salieron, vieron a sus padres, y a otros adultos, preparándose también para la competición. Unos metros más allá, un hombre joven con un gramófono empezó a llamar a todos los participantes:

—¡Buenos días a todos! Gracias por venir a pasar una jornada llena de deporte y diversión, que hemos preparado como inicio de las vacaciones de verano. Mi nombre es Rober y, junto con mi amiga Mónica, os queremos ayudar a que vuestra participación hoy en el IronKid y en la carrera de obstáculos sea lo más divertida posible.

Con unas sencillas reglas y ganas de competir de forma sana y justa, el llamado *fair play*, conseguiremos premios para todos y acabaremos con los huesos completos y en su sitio. Lo primero es distribuir a los participantes en sus equipos y repartir las camisetas de cada uno de ellos.

—Gracias, Rober —continuó Mónica con otro gramófono—. Cuando os vaya nombrando, por favor acercaos a recoger vuestra camiseta para hacer los grupos. Carlos Chepitas, marrón, aquí. Patricia LaGalga, azul, allí. Lu Johnson, verde, ahí, Mayte Salvadora, verde, aquí. Jaimi Tofrito, marrón, allí...

Una vez formados los equipos, Ana, Lu, Carlos, Sofía QueMaja y otros que Ana no conocía, cayeron juntos en el mismo. A Ana le hacía mucha ilusión competir al lado de chicos mayores y se daba cuenta de que, a pesar de la diferencia de edades (muchos eran por lo menos dos años mayor que ella y otros le sacaban hasta cuatro), la trataban como a una igual y todos hacían lo máximo por esforzarse.

Lu, mientras tanto, acariciaba el timbre que llevaba consigo y lo hacía sonar bajito. Algunas veces en el recreo alguien le había preguntado por él y ella siempre decía que era porque le gustaba el sonido. La historia completa era que, cuando de pequeña tuvo que dejar su casa en Aruba y marcharse a vivir a México, sus padres le dijeron que no podía llevar en el avión ninguno de sus juguetes. Lu sintió mucho tener que dejar atrás los muñecos de su infancia, sobre todo, el oso de peluche pequeñito azul (el bebé, como siempre lo llamó) ya bastante usado y raído. Por la noche, cogía la pequeña, y ya casi inexistente, etiqueta del osito y se acariciaba la mejilla con ella. Eso le daba mucha tranquilidad y la ayudaba a dormir. Su otro juguete preferido, bueno no exactamente un juguete, era la bicicleta roja con la que aprendió a montar. Tenía un timbre plateado brillante que sonaba igual que

el cantar de los grillos, y una cestita delante del manillar en la que solía meter alguna pelota, golosinas y hasta pequeños animalitos vivos. El timbre de la bici fue lo único que pudo traer y cuando se sentía triste o simplemente pensativa, lo hacía sonar y era casi igual que sentir la etiqueta del osito rozándole la piel.

En ese momento, se oyó la voz de Mónica, la monitora, que estaba a punto de dar la salida a la primera prueba. Al grito de «¡Preparados! ¡Listos! ¡Ya!», Lu, junto con los niños de su equipo, echó a correr.

Capítulo 6
Ni un solo *round*

Mayte estaba en medio y daba la mano a su izquierda a Lu y a su derecha, a Carlos. En voz alta este dijo: «¡Ya!», y los tres a la vez saltaron una valla, luego la otra y a la tercera les echaron para atrás...

«¡Con los pies juntos, con los pies juntos!», dijo Mónica por el gramófono, y vuelta a la última valla. Con los nervios de la carrera, Mayte no recordaba si incluso podía haber sido ella la que saltó con los pies separados. Pero daba igual, no había tiempo para pensar. Volvieron a la valla y esta vez sí, los tres pares de ojos vieron saltar los tres pares de pies a la vez.

En cuanto superaron la tercera valla, Mayte y Carlos se pusieron a cuatro patas y Lu se estiró sobre ellos. Tenían que llevarla mientras gateaban a lo largo de tres colchonetas. «Uf, uf, uf», Carlos seguía contando para marcar el ritmo, «Uno, dos; uno, dos». Diez gateos más allá, Lu se echó al suelo en el momento en que los otros dos se incorporaban.

Enseguida se cogieron de las manos y en fila india se agacharon para pasar por debajo de otras tres vallas, estas algo más altas que las anteriores. En su afán por pasar la última, Carlos se incorporó antes de tiempo y tiró la valla hacia atrás. «¡Agachados, agachados!», volvió a sonar la voz de Mónica. Vuelta otra vez para atrás y ya, por fin, superados todos los obstáculos, rodearon a Rober que estaba al final de la explanada y recorrieron el camino de vuelta a carrera limpia.

El griterío era inmenso, por toda la música que salía de los altavoces y la gente que no paraba de animar. Carlos el primero, con zapatillas *pinkies* y todo, y Mayte y Lu detrás, cruzaron por delante del banderín de la meta que ondeaba Fernando, el profesor de gimnasia. Los saltos y aplausos de su madre, indicaron a Mayte que ¡¡¡habían ganado su carrera!!!

Piernas arriba

Al oír la voz de «¡Go!», Patricia saltó como un resorte. Cinco vallitas bajitas a superar de lado, rodillas arriba y punta del pie al suelo. Una, dos, tres, cuatro y cinco.

«El banco, ahora el banco. Me impulso con un pie para poner el otro sobre el banco, doy un paso sobre el banco y salto hacia el otro lado. Me vuelvo a impulsar del lado contrario y hago lo mismo. Un pie arriba, otro abajo, un pie arriba, abajo otra vez. Esto lo he preparado mucho. Si ya me decía Fernando que estaba "chupao".

»La comba. Me acuerdo de la película Rocky y su música: TA TA TATATA TATATATA TATATA. Un, dos, tres, cuatro, cinco, seis brincos. Veo la cuerda como levanta algo de polvo del suelo. La dejo caer.

»Doy la vuelta a Rober y vuelvo corriendo. Alargo la zancada, eso me ha dicho Fernando que me sale de forma natural porque soy alta, y entro en la meta con el banderín a cuadros. Me abrazo a él y me dice: "¡¡¡Qué galga!!!, ¡y ni siquiera se te han caído las gafas!"».

El Ironkid

Al agua, patos – Alex Larios

Suena el silbato ¡¡¡Prrr!!! y ¡todos al agua!
Alex se tiró de cabeza y empezó a nadar a crol. «Un, dos, tres,

respirar. Ahora del otro lado. Un, dos, tres, respirar». Mientras movía los brazos y las piernas, se dio cuenta de que le estaban salpicando por todos lados y las gafas se le estaban llenando de gotas, apenas distinguía lo que tenía delante. Menos mal que habían puesto corcheras de separación en la piscina y no tenía que preocuparse de si le daban patadas, o si las daba él.

Mientras se acercaba a la pared del extremo de la piscina empezó a preocuparse un poco. «Ahora viene la vuelta, a ver qué tal». Cuando ya faltaba un metro escaso, dio una voltereta hacia adelante y girando su cuerpo hacia abajo, sintió que sus pies tocaban la pared. Empujó, giró el cuerpo y se impulsó. Lo había conseguido. La forma de hacer el giro se la chivó Ana, la de su clase, a quien se la había enseñado su padre. «Qué maja Ana, me cae muy bien. Pero no somos novios, ¿eh?».

«Un, dos, respirar. Un, dos, respirar». Había entrenado con el cambio de respiración en el segundo largo, aquí ya estaba acelerando y nadaba más rápido. Metiendo y sacando la cabeza, se dio cuenta de las personas que caminaban a lo largo de la piscina dándole ánimo y apoyo.

«¡Venga ya, Alex! Una más y otra más y la tercera y ¡¡afuera!!».

A dar pedales – Jose ElAntonio

Salió empapado y chorreando de la piscina, Jose ElAntonio, sin aminorar el ritmo, se dirigió corriendo mientras se quitaba las gafas y el gorro, a la zona de transición donde había dejado la bici preparada.

Cogió una toalla que había dejado al lado para secarse la cara, se cambió la camiseta de neopreno por otra seca, se puso el casco sobre la cabeza y se montó en la bici. Había enganchado las zapatillas a los pedales con unas gomas, metió los pies y adelante.

«Ya estoy dando pedales. Los Tabletas hemos preparado mucho este recorrido. Tengo que hacer cuatro vueltas al campo de detrás, han marcado el recorrido con conos de colores. Cambio la marcha de la bici al plato rápido y noto como las piernas van adquiriendo fuerza. Bsss, bsss, bsss. Menos mal que hay un poco de sombra y el aire no es demasiado caluroso.

»En la curva para empezar la última vuelta veo una pancarta enorme verde: "¡VAMOS, TABLETAS!". La sujetan María Cristina, la profesora de Conocimiento del Medio, y César, el de Apoyo. Si yo sé que en el fondo les caemos bien y todo...

»En mi afán por no perder un instante, no freno al pasar frente a ellos; a cambio hago sonar el timbre de la bici durante todo el trayecto que me queda. ¡¡¡Rin, rin, rinnn!!!

»Sigo pedaleando a más no poder con cuidado de no pisar ninguna piedra, un reventón ahora sería lo peor. Ya queda menos, ya estoy volviendo hacia la piscina. No tengo a nadie delante, ¡qué bien!, eso quiere decir que ¡¡¡voy primero!!!».

Corriendo voy – Jaimi Tofrito

«Desengancho las zapatillas de los pedales de la bici, me quito el casco que acaba rodando por el suelo y ¡tiro millas!

»Uf, uf, uf. Noto las piernas como si fueran bloques, debo ir un poquito más despacio al principio, sin tirones. Ya recuerdo, el efecto ladrillo... Después de haber rodado tan rápido con la bici, mis piernas se tienen que acostumbrar, poco a poco, al movimiento de correr. Vale, parece que ya van corriendo mejor.

»Tenemos que dar dos vueltas al campo de juegos. Durante el trayecto en bici no lo noté tanto, pero ahora me fijo que el recorrido tiene una pequeña cuesta arriba. Elevación ganada..., estoy escuchando la voz de Fernando, el profe de gimnasia, que me grita "¡Rodillas arriba, patada al trasero! ¡Los brazos a la altura de la cintura, que te ayuden a impulsarte! ¡Y la respiración, al ritmo de la zancada!" Ya me acuerdo. Consigo acompasar la respiración al ritmo de mi zancada y adelanto incluso a un par de mayores, uno de ellos la madre de Ana y el otro es el coordinador de la AMPA, se llama Enrique, me parece.

»Al terminar la primera vuelta, tocan una campana para avisarnos que nos queda poco para llegar a la meta del Ironkid. Llega el momento de acelerar, por suerte es un poquito cuesta abajo. Hoy llevo las zapatillas de la bandera de Andalucía; mi madre me las compró en plena calle Larios en Málaga. Verde la izquierda, la derecha es blanca. Me dejo caer a toda velocidad, esprintando todo lo que puedo. Noto gotitas de sudor que me caen por debajo de la camiseta, pero no me importa, veo la meta ya. Tres. Dos. Uno. ¡¡¡Llegué!!! ¡¡¡Hemos ganado!!!».

Capítulo 7

El cuentacuentos, ¡no te lo pierdas! ¡La mejor forma de reponer fuerzas con comida, bebida y fantasía!

—Hola, buenas tardes. Soy Federico el Mágico, espero que estéis pasando un día magnífico, por lo menos tan bueno como lo estoy pasando yo. Vengo de tierras lejanas y me han pedido que, después de todo el esfuerzo y deporte que lleváis haciendo desde esta mañana, os amenice la digestión y el descanso con un relato fabuloso de criaturas fantásticas. La historia que os voy a contar transcurre en la playa, durante las vacaciones, esas que todos estáis esperando con ansia. Escuchadme atentamente y no perdáis detalle...

Así se presentó ante un variopinto y poblado público, un señor bajito vestido como los magos antiguos, con colores llamativos, y con una barba blanca y espesa que descansaba sobre un pecho fornido. Mayte sabía que ese señor era el jefe de su padre; y las veces que habían coincidido con él, había insistido en que no le gustaba nada su nombre y prefería que lo llamasen Fede sin más. En la realidad no tenía barba, pero para el cuentacuentos se había disfrazado según lo exigía su personaje y la verdad es que daba el pego, no podía resultar más misterioso e imponente. Con voz profunda y modulando las palabras, comenzó a hablar.

Max y el dragón de arena
por Roberto Redondo de Paz (3)

Hay dos mundos fuera de aquí. En Armonia siempre es de día, habita la felicidad y todo chispea. En Terroria la noche nunca se acaba y las cosas están feas y gastadas.

La gente de Armonia sabe que existe Terroria y al revés, pero nadie conoce cómo pasar de un mundo a otro. Bueno, nadie excepto Claum Crader, el rey de Terroria, que hace tan solo unos cuantos días ha conseguido abrir un agujero entre los dos mundos.

No sé, pero yo no me fiaría mucho de las buenas intenciones de Claum Crader en Armonia...

Primera parte

1.

Hola. Mi nombre es Víctor y tengo ocho años. Soy el hermano menor de Max, el verdadero protagonista de esta historia. Él tiene once y es un apasionado de las construcciones. Utiliza unas piezas de colores, muy parecidas a las mías, solo que más pequeñas. Le salen cosas muy chulas. A mí no se me dan tan bien como a Max, aunque, igualmente paso buenos ratos encerrado en la habitación de los juegos, haciendo y deshaciendo edificios, naves espaciales y bichejos de todo tipo.

De todas maneras, lo que mejor se le da a Max es modelar figuras de arena en la playa. Es un auténtico maestro. Él dice que mi mayor habilidad es la de escribir. Por eso se ha empeñado en que sea yo quien os cuente lo que nos ha pasado estas últimas semanas. Ni siquiera estoy seguro de si las cosas habrán terminado del todo, pero eso ya no importa demasiado. Parece ser que es necesario que el mundo sepa la verdad, por si algún día hace falta que alguien más viaje hasta allá.

Yo no sé si vosotros habréis vivido alguna vez una aventura como esta que os voy a narrar, pero de lo que estoy seguro es de que si alguien me la contara a mí me resultaría muy difícil de creer.

Sin embargo, yo no miento. Os lo juro. Nunca jamás, en la vida, he echado una mentira. Preguntadle a mis padres si no os fiais.

2.

En La Isleta casi nunca hace frío, ni siquiera en invierno. Es una suerte porque yo soy muy friolero. Creo que si todo lo ocurrido no hubiera sido durante el verano las cosas habrían sido muy distintas. El caso es que en los meses de más calor muchísima gente viene aquí a pasar las vacaciones, y es entonces cuando La Isleta se parece más a una ciudad que a un simple pueblecito.

Mis padres se llaman María y Nacho. Ella trabaja como camarera en un bar y él es cajero en el supermercado. Los quiero un montón a pesar de que trabajan demasiado y nos hacen menos caso de lo que me gustaría. Lo bueno que tienen es que mientras duran las vacaciones, tanto a Max como a mí, nos dejan mucha libertad para ir y venir donde queramos. Yo intento pasar con mi hermano todo el tiempo posible, porque le admiro mucho y cuando está de buenas es súper divertido, pero la mayoría de las veces, sobre todo, cuando se junta con Clara, su mejor amiga, me dice que me vaya con los niños de mi edad, que para eso soy el pequeño. Me da un montón de rabia cuando hace eso, pero no me queda otro remedio que aceptarlo o tirarme llorando toda la tarde.

Clara es la mayor fan de las esculturas de arena de Max. No hace más que echarle flores y animarle a modelar cosas nuevas y cada vez más difíciles. Resulta que él es bastante vergonzoso con las cosas que crea y a casi nadie se las quiere enseñar. Esto se le hace complicado de verdad, porque la gente que pasea por la playa se detiene para mirar cómo trabaja y muchos le dicen una y otra vez lo bien que lo hace. Él siempre baja la mirada y se sonroja sin abrir la boca. Es tan raro para estas cosas que ni siquiera a mí o a mis padres nos deja ver la mayoría de sus obras, así que muchas veces no me queda más remedio que observarlo desde lejos o escondido entre la gente cuando el grupo que le rodea se hace lo bastante numeroso. Estoy seguro que uno de sus mayores deseos sería poder tener su propia playa particular en la habitación de casa. Y después de todo lo visto, ¿quién aseguraría que se trata de un sueño imposible? Yo no. Os lo digo en serio.

La figura que más me impresionó a mí fue cuando levantó nada más y nada menos que la torre Eiffel, esa que está en París. Tiene que ser alucinante poder verla en vivo. Les hemos pedido a papá y mamá mil veces que nos lleven, ya que, además, queremos visitar el

parque de atracciones gigante que tienen allí, pero no hay manera; nos dicen que no hay dinero suficiente. Entonces, ¿para qué trabajan tanto?, es lo que digo yo.

Para Clara, su favorita es una que imitaba a un cuadro de un tal Cézanne, aquel en el que hay dos señores con sombrero jugando a las cartas. Fue alucinante, esa es la verdad. Aunque no entendía lo que significaba, oí a mucha gente decir que era increíble disfrutar en tres dimensiones de una imagen que todo el mundo siempre había visto solo en dos. Que si hubiera tenido colores le habrían dado un gran premio, decían otros. Para mí lo más triste siempre es el momento en que la marea se va tragando poco a poco las figuras. Recuerdo a Clara aquella tarde derramar algunas lágrimas cuando la última ola absorbió por completo la escultura de los jugadores de cartas.

En otra ocasión esculpió con todo lujo de detalles el puente Golden Gate, otro día una de las carabelas de Colón en medio de una tempestad, la nave del Emperador sobrevolando el espacio en la Guerra de las Galaxias...

Es curioso que fuera también Clara la única en darse cuenta de algo en lo que nadie más había caído hasta entonces: Max jamás había modelado la figura de un animal. Sí, así de fácil. Nunca le había dado por esculpir un perro o un león, ni siquiera un dinosaurio. Max se quedó como abobado el día que Clara se lo comentó y no supo explicar la razón. Tan solo se encogió de hombros y con una cara un poco pensativa dijo que al día siguiente haría un fabuloso oso pardo.

3.

Aquella mañana Max se levantó más temprano de lo normal y desde el primer momento se le notaba inquieto, como si no estuviera tan seguro de sí mismo como de costumbre. Cogió sus herramientas de trabajo y salió de casa sin darme permiso para acompañarle. Lo de siempre. Pero yo me las ingenié para salir tres minutos después y seguirle, igual que un detective espía a un sospechoso. Después de tanta práctica era algo que ya se me daba bastante bien. Cuando llegué, él ya tenía todo preparado y empezaba a dar los primeros retoques al enorme montón de arena que había acumulado a sus pies.

Enseguida me di cuenta, aunque estuviera observando desde lejos, que aquel día Max no trabajaba como los demás. Modelaba de manera más atropellada, no hacía sus típicos parones para pensar y contemplar lo que llevaba hecho hasta el momento, daba la sensación como si tuviera prisa por algo y, lo que es peor, no se veía en su cara que estuviera disfrutando ni un pelo con lo que hacía, como siempre pasaba. La expresión de felicidad y calma que tenía cada vez que esculpía había desaparecido por completo.

Clara llegó cuando la obra estaba a medias, y que Max ni siquiera le dedicara una sonrisa ya fue signo de que algo no marchaba muy bien. Y era verdad, lo modelado hasta el momento, más que a un oso, se parecía a algún jabalí gigante que se escondiera entre los chaparros del bosque. Era muy raro. Nunca le había costado tanto a Max hacer ninguna figura, ni una sola. Daba igual lo que fuera. Podía salirle mejor o peor, pero siempre lo creado se distinguía con claridad y llamaba la atención por haber sido hecho por alguien que en realidad no era más que un niño. En este caso no tengo más remedio que reconocer que hasta a mí me habría quedado más guay.

Antes de haber acabado del todo y sin esperar a que fuese la marea quien hiciese su labor, Max destruyó la escultura con unas cuantas patadas ante la mirada atónita de los escasos paseantes que esta vez se habían parado a observar. Recogió sus cosas con cara de mucho enfado y se largó de allí dejando a Clara con un palmo de narices. De vuelta a casa, ella y yo caminamos juntos, pero no cruzamos ni una sola palabra. De alguna manera entendíamos que algo raro estaba pasando, aunque no tuviéramos ni idea del porqué.

4.

Max hizo varios intentos más durante los días siguientes, pero fue incapaz de modelar la figura de un animal de manera que se le reconociese con facilidad y que tuviera una expresión acorde con lo que representaba. Lo que quiero decir es que ya no era solo que el león no se pareciera a un león ni por asomo, sino que además aquello no daba la más mínima sensación de fiereza. Daba tanto miedo como una hormiga hambrienta.

Pero lo peor de todo fue que el estado de ánimo de Max cayó en picado como nunca lo había hecho antes. Clara intentaba contentarle por todos los medios, pero él no se dejaba y cada vez se encerraba más en sí mismo. Estaba serio todo el rato, apenas cruzaba palabra con nadie y se dedicaba a ver la televisión mucho más de lo que lo hacía normalmente. Cuando mis padres se empezaron a preocupar de verdad fue cuando Max dejó de salir de casa para ir a esculpir. Según conseguí sonsacarle a Clara, que era la única con la que hablaba, aunque fuera lo mínimo, Max decía que no iba a volver a modelar jamás y pedía que todos le dejáramos en paz durante una buena temporada.

Por primera vez en su vida mi hermano se sentía débil y aturdido por algo a lo que no encontraba explicación. Daba la impresión de que su mundo se derrumbaría de un momento a otro si nadie lo remediaba. Y el caso era que ninguno sabíamos qué hacer para remediarlo. Yo también me sentía muy triste por él en aquellos días.

5.

Así pasó un montón de tiempo hasta que llegó un punto en el que Max pareció caer enfermo de verdad. Empezó a comer muy poco y las noches las pasaba removiéndose de un lado a otro sin apenas pegar ojo. Todos le decíamos que no era para tanto, que se olvidase de los dichosos animales y que volviera a crear sus estupendos monumentos, pero no se inmutaba. Seguía ensimismado y encerrado en su propio mundo de apatía y tristeza.

Y todavía las cosas fueron a peor después de la noche en que Max sufrió una terrible pesadilla relacionada con todo el asunto de las estatuas de arena. Parece ser que en el sueño se le apareció un extraño señor de espesa barba blanca, vestido con una especie de túnica de colorines, que le animaba amablemente a modelar la figura de un dragón en la playa. Mi hermano se negaba en rotundo al principio, pero al cabo de unos minutos la sonrisa del buen hombre acabó convenciéndole de que al menos debía intentarlo. Y menuda sorpresa se llevó al comprobar que el dragón no solo le quedaba genial, sino que estaba hecho con tanto detalle y su expresión era tan feroz que observarlo de cerca dejaba a la gente con la boca abierta durante un buen rato. Pero atención: lo más increíble del sueño llegaba cuando la bestia, una vez terminada, cobraba vida delante de todos los que la contemplaban admirados, desplegaba sus magníficas alas y echaba a volar hasta desaparecer en medio del nebuloso horizonte.

Max se despertó sudando y respirando agitadamente en mitad de la noche. Yo desperté con él y le oí, pero no quise decirle nada porque estaba como sonámbulo. A la mañana siguiente le pregunté y él me dio tal grito que no se me volvió a ocurrir interesarme por su estado en mucho tiempo.

6.

A partir de entonces el pobre Max sí que comenzó a vivir como si estuviera en un infierno. Nunca le habíamos visto así. Mis padres tuvieron que llevarle al médico y todo, aunque hubo que llevarlo casi a rastras porque él no quería ni a tiros. No es que el doctor les diera ninguna solución, pero les dijo que si en un par de semanas no mejoraba tendría que mandarle alguna pastilla que le levantara el ánimo. Esa idea pareció asustar un poco a Max, porque a partir de ahí al menos empezó a comer un poco mejor. Lo que no significaba que estuviera más contento. Clara intentaba por todos los medios sonsacarle qué era lo que realmente le pasaba, pero solo lo consiguió una tarde en la que Max parecía estar tocando fondo. El pobrecillo lloraba como una magdalena, y yo con él porque no soportaba verle así. Solo cuando comprobó que a la propia Clara se le saltaban también las lágrimas, fue cuando se liberó por completo y nos contó lo que vio en aquella maldita pesadilla.

Clara lo tuvo claro desde el principio. Lo que Max debía hacer era esculpir aquel dragón. Estaba convencida que le saldría perfecto, que sería una maravilla difícil de olvidar para cualquiera que lo viese y que eso ayudaría a mi hermano a liberarse del malestar profundo que le embargaba. Pero Max no quería oír hablar de ello ni en pintura. A pesar de que tenía en su cabeza la idea más perfecta que se puede tener sobre lo que debería ser un dragón de arena, el miedo al fracaso le impedía ponerse manos a la obra. Clara le decía que aquel sueño era, con toda seguridad, una señal y hasta se atrevía a bromear sobre la posibilidad de que el animal pudiera levantarse de verdad y marcharse agitando las alas. Era entonces cuando Max más nervioso se ponía, porque le tenía un miedo atroz a ese tipo de fantasías. Nunca se había atrevido siquiera a ver o leer historias del estilo de las Crónicas de Narnia, en las que unos niños viajaban a un mundo de fantasía repleto de peligros. Si había alguna razón oculta que le provocara ese temor ni lo supe entonces ni lo sé ahora después de todo lo vivido.

Pero para mi hermano, el momento más duro de toda esta primera parte de la historia fue el día que le pareció ver, mientras caminaba a solas entre la muchedumbre que se apretujaba en el mercado del paseo marítimo, la insólita figura del extraño que se le había aparecido en el sueño, quien le miraba fijamente a los ojos con esa sonrisa suya tan serena y al mismo tiempo incómoda.

7.

Aquella tarde Max no era definitivamente el Max que todos conocíamos.

—Así no podemos seguir, cariño —dijo mi madre mientras nos sentábamos los cuatro delante de la comida y mi hermano observaba los garbanzos con la mirada perdida—. Mañana mismo volveremos al médico para que te recete las pastillas.

Mi corazón dio un vuelco cuando me di cuenta de que Max cabeceaba despacio diciendo que sí. ¿Tan mal se encontraba ahora que aceptaba tomar algún tipo de medicina?

Nada más terminar de comer me fui como loco a buscar a Clara, quien a los pocos minutos me acompañó corriendo de vuelta. Max estaba tirado sobre su cama, boca abajo, llorando otra vez desconsoladamente. Cuando vio llegar a su amiga reaccionó de la manera más inesperada. Se abalanzó sobre ella y la abrazó con todas sus fuerzas.

—¡Clara! ¡Qué horror! Me encuentro fatal. Me están pasando cosas terribles. No puedo más.

Clara le acariciaba la espalda para tranquilizarle. Yo me sentía muy mal y no sabía qué podía hacer. Me consolé pensando que al menos llamar a Clara no había sido una mala idea.

—Explícamelo, Max, por favor. No temas nada. Todo esto está siendo una mala racha que se marchará por donde ha venido. Sobre todo, cuando empieces a hacerme caso.

Recuerdo que en aquel momento descubrí que Clara era la mejor amiga que mi hermano podía tener. Yo la veía casi tan inteligente y madura como mi madre.

—El hombre... el de la pesadilla... el barbudo ese, tan raro...

Clara levantó el rostro humedecido por las lágrimas de Max y lo miró fijamente a los ojos.

—Sí, el viejales ese. ¿Qué pasa con él? —preguntó con una sonrisa picaruela, como queriendo quitar importancia a lo que mi hermano fuera a soltar después.

Max cerró los ojos llorosos y después de gimotear otro poco, consiguió decirlo.

—Lo he visto. Esta mañana. En el mercado.

Y volvió a incrustar su rostro contra el hombro de Clara.

Ella me miró con los ojos muy abiertos, pero yo no supe qué significaba esa expresión. ¿Se habría vuelto mi hermano loco de verdad? Seguramente eso sería lo que pensarían los mayores si les contaran una historia semejante. Pero yo no soy adulto.

Desde el primer momento me creí por completo las palabras de Max. Clara, al tener más años, necesitó hacer alguna pregunta que otra.

—No te enfades conmigo, pero te lo tengo que preguntar: ¿estás completamente seguro? ¿No puede ser que lo hayas confundido con otra persona?

—¡No, Clara! ¡Era él! No puedes dudar de mí. Eres lo único que tengo.

Me dolió un poco que una vez más mi hermano no me tuviera nada en cuenta, pero ya estaba casi acostumbrado. Lo importante ahora era él, no yo.

—Vale, vale, te creo de verdad. —Yo todavía no estaba seguro si Clara no estaría mintiendo un poco—. Y, ¿te dijo algo? ¿Qué hizo?

—No, no, si solo fue un segundo. Me estaba mirando con la misma sonrisa que en el sueño y al instante desapareció entre la gente.

Max parecía un poco más calmado y se separó del abrazo de Clara, restregándose los ojos enrojecidos.

—Vaya, como siempre suele pasar en este tipo de historias... —murmuró Clara y menos mal que mi hermano no pareció escucharla—. Sigo pensando lo mismo: lo que tienes que hacer es modelar ese dragón.

—Pero ¿estás loca? —soltó Max después de sonarse los mocos—. Eso sería como aceptar que toda esta historia podría ser cierta.

Ahora fui yo el que me quedé flipado y sin entender nada. O sea, ¿me había creído todo a pie juntillas y mi propio hermano reconocía que no podía ser verdad? Me sentí como un idiota.

—En cuanto hayas hecho ese dragón y te des cuenta que has recuperado por completo tus habilidades se te irán todos los malos rollos de la cabeza.

Max se quedó pensativo y al cabo de un rato, dijo:

—Lo voy a pensar. Ya estoy más tranquilo, muchas gracias, Clara. Cuando me haya decidido te llamaré.

En ese momento Clara y yo supimos que debíamos dejar solo a Max. No tardamos en despedirnos y él pasó el resto de la tarde encerrado allí dentro, hasta la hora de cenar.

Nada más salir ya me di cuenta que por fin algo había cambiado en él. Dio la primera cucharada al riquísimo gazpacho que prepara siempre mi padre y con mucha seguridad dijo:

—Papá, mamá. Mañana volveré a salir a esculpir a la playa.

8.

Nada más levantarse (bien temprano, por cierto) desayunó a toda prisa, cogió sus herramientas y salió disparado por la puerta. Supuse que se pasaría por casa de Clara de camino a la playa. Yo decidí tomármelo con más calma y acercarme una vez la obra estuviese un poco avanzada, pero si dijera que no estaba también bastante nervioso, esta vez sí que estaría mintiendo.

Cuando llegué me quedé súper sorprendido, porque la escultura estaba ya casi acabada. Era alucinante. La más grande y hermosa que jamás había hecho. De verdad que daba miedo mirar el rostro del dragón, con sus fauces abiertas y enseñando unos dientes grandes y afilados como cuchillos. Habría sido capaz de regalar mi colección de cromos favorita por haberme podido acercar a verlo con más detalle, pero lo último que quería era molestar y desconcentrar a mi hermano en un momento tan importante. Además, era tan pronto que apenas había paseantes que se hubieran detenido a mirar aún. Clara estaba sentada al lado, con la cara apoyada en las manos, observando fijamente, y con una gran sonrisa, la maravilla que Max estaba levantando. A él se le veía como antes de todo este lío, totalmente centrado en su trabajo y con una expresión de felicidad difícil de explicar con palabras.

No había duda. Max al fin iba a conseguir superar sus problemas.

Aunque la figura parecía terminada, mi hermano dedicó mucho rato a hacerle detalles de todo tipo. Nunca hasta entonces le había visto tan animado a conseguir la perfección en una de sus esculturas. Se le veía pletórico, esa es la verdad. El caso es que la mañana fue avanzando y el grupo de curiosos se fue haciendo cada vez más grande, lo que me permitió acercarme para observar desde cerca. La gente murmuraba asombrada, lanzando piropos a Max a cada rato. Él ni siquiera miraba al público, pero esta vez no se ruborizaba. Era como si estuviera dentro de una nube y nada más importara alrededor. Clara estaba entusiasmada y era la que correspondía a los comentarios del personal, asintiendo y reforzando con sus palabras y gestos lo fabuloso que era Max como escultor. Yo también me sentía muy feliz.

Fue nada más acabar el aplauso de la gente al ver la obra terminada cuando apareció él. Allí estaba. El hombre del sueño de mi hermano. Se le reconocía a la legua. Bajito, vestido a la antigua con colores llamativos y una barba blanca y espesa que descansaba sobre un pecho fornido. Fue pasando entre las piernas de la gente hasta entrar en el círculo, a pocos pasos de Max. Yo me quedé con la boca abierta al verle, pero a mí hermano casi le da un patatús allí mismo. Clara se acercó a él como con intención de protegerle, no sabíamos muy bien de qué. En su cara también se notaba una expresión de tremenda sorpresa. Max temblaba de miedo cuando el extraño se arrodilló ante él e inclinó la cabeza en signo de agradecimiento. Al levantarse todos pudimos escuchar su voz profunda y cavernosa:

—Te presento mis mayores respetos, querido amigo y te doy las gracias por haberme devuelto a Lear. —¿Lear? ¿A quién se estaba refiriendo? ¿Al dragón? ¿En serio?—. Mi nombre es Léal Crader y estoy en deuda contigo. Si quieres acompañarme hasta Armonia, allí podría concederte, cualquiera que sea, el más preciado de tus deseos.

9.

Cuando miré alrededor fue cuando me di cuenta de algo que me extrañaba desde hacía un rato, pero que todavía no había conseguido entender: el silencio se había vuelto total y nadie se movía ni lo más mínimo. Todos los presentes se habían quedado tan paralizados como la propia figura del dragón. Era como si el tiempo se hubiera detenido allí mismo. En medio de mi asombro decidí que lo mejor sería disimular y tampoco moverme ni hablar, por lo que pudiese pasar.

Mientras tanto, el hombrecillo se enderezó y caminó hasta el dragón de arena con pasos solemnes. Max se había llevado las manos a la boca y parecía a punto de desmayarse. Clara seguía cogiéndolo por los hombros a la misma vez que miraba al extraño con ojos recelosos. A pesar de todo se mostraba tranquila. Esta Clara es una chica maravillosa, está claro.

Al final pasó lo que tanto nos temíamos que podía pasar. Porque estoy seguro que mi hermano y Clara pensaban igual que yo. El tal Léal Crader se subió a lomos del dragón. Como os lo cuento. Imagino, además, que no os costará imaginar lo que sucedió después.

Sí. Después de que el jinete trazara un extraño, pero hermosísimo símbolo sobre el cuello del dragón, la escultura cobró vida, desplegó las alas y echó a volar.

Sé que estáis pensando que soy un mentiroso. Pero es la pura verdad.

Tras hacer varios círculos sobre nuestras cabezas en un vuelo más hermoso que el de un águila, descendió de nuevo. Mi hermano no se recuperaba, pero Clara era incapaz ahora de disimular un gesto de emoción ante lo que veía. Desde luego era fácil caer en la tentación de pensar que todo estaba siendo un sueño. Yo me pellizcaba el brazo una y otra vez para asegurarme.

Todo era real.

El dragón se detuvo muy cerca y aleteó hasta quedar suspendido en el aire. Desde allí, Léal Crader extendió su mano hacia Max y le ofreció subir con él. Mi hermano se dio la vuelta y se tapó el rostro, desesperado por el terror.

—Siento no poder cargar con más de uno de vosotros —dijo el viejo desde lo alto—. Max, ven conmigo y conocerás el lugar más hermoso que jamás haya existido en el universo.

Clara estaba tan alucinada que parecía haber perdido toda la desconfianza hacia el extraño. Quiso hablar con Max, yo no podía oír lo que le decía, pero estoy seguro que intentaba borrarle el miedo y convencerle para que aceptase el ofrecimiento. Lo entendí. Al fin y al cabo, poder viajar a un mundo mágico no es algo que se te presente todos los días. Pero Max estaba cerrado en banda. Si siempre había rechazado este tipo de historias cuando eran imaginarias, ¿cómo no iba a hacerlo ahora que el cuento se convertía en realidad? Después de un rato, el hombre a lomos del dragón volvió a hablar.

—Os pido disculpas, pero no dispongo de todo el tiempo que me gustaría. Aunque mi mayor deseo sería poder viajar con Max, si él finalmente no se decide, puedes acompañarme tú, Clara, si ese es tu deseo.

Clara observó a Léal con los ojos y la boca muy abiertos. Después volvió la mirada de nuevo hacia mi hermano, pero este seguía de espaldas al dragón, acurrucado contra el suelo y diciendo que no con la cabeza una y otra vez.

Fueron unos segundos muy duros. Yo estaba tan nervioso que por un momento creí que me desmayaría allí mismo. No tenía ni idea de cuál sería la respuesta de Clara. Sabía que ella deseaba partir con todas sus fuerzas, pero a lo mejor pensaba que marcharse así, dejando a Max en las condiciones en las que estaba era una especie de traición. Entonces fue cuando di un paso al frente y ella me vio. Me miró fijamente a los ojos durante un instante hasta que yo, todavía a estas alturas no sabría explicar por qué lo hice, le dije que sí con la cabeza.

Aquello pareció despejar las dudas de Clara de un golpe.

—Volveré pronto, Max —susurró mientras daba un beso en el hombro de mi hermano—. Volveré y te contaré con pelos y señales todo lo que he visto. Eres mi mejor amigo y te quiero.

Poco después se levantó y se dirigió hacia el dragón con pasos lentos. Max volvió la cabeza. Tenía el rostro empapado en lágrimas y un gesto desesperado. Ni siquiera se fijó en mí en ese momento. Solo se incorporó cuando Clara ya volaba alto en el cielo. Entonces empezó a correr como un loco y con los brazos en alto gritaba:

—¡¡¡Noooo!!!

Capítulo 8

Por la tarde, en la fiesta

La tarde continuaba para las niñas, después del cuentacuentos y de merodear por los puestos comprando golosinas y mirándose en los espejos deformantes, de modo tranquilo. Después de toda la agitación de la mañana, en la que los equipos de Mayte y Ana habían ganado y perdido de forma alterna, el relato de Federico el Mágico había resultado en otro tipo de excitación, la provocada por la fantasía de un cuento, y el hecho de que quedara sin final —o *To be continued*, como Dwayne Johnson, el padre de Lu, había exclamado en voz alta— había dejado a todos con cierta sensación agridulce. Después de muchos ruegos y quejas, el mago les había asegurado que en una próxima ocasión les contaría el final de la inquietante historia.

Consultando la programación de la tarde, resultó que quedaban pendientes el concurso de DJ Karaoke y la propia entrega de premios. La madre de Mayte y Ana, que dibujaba muy bien y, de hecho, hacía ilustraciones con cierta frecuencia para cuentos infantiles, había sido la encargada de diseñar los diplomas que se iban a entregar a los ganadores junto con las medallas. Para el reverso de estas había diseñado unas pegatinas con un sol, la imagen de una chica nadando, la de un ciclista y la de agradecimiento mediante las dos palmas de las manos unidas. Pensó que estas imágenes reflejaban la energía positiva y el agradecimiento que supone hacer deporte de forma sana.

Los diplomas llevaban impreso a su vez el nombre del equipo ganador (azul, marrón, verde fosforito) y de fondo la imagen de una corredora o de un corredor.

De repente escucharon un pitido agudo y una voz que salía de un micrófono. Por aquí y por allí, grupos de chicos, y no tan chicos, empezaron a desperezarse, incorporándose algunos de un salto dispuestos a seguir con el plan de la tarde.

Se empezaron a escuchar acordes de guitarras y golpes de batería con tambores y platillos, y un buen número de personas, entre las que se encontraban las hermanas, se acercó a un escenario que había sido montado, sin que hubieran reparado en ello, donde antes habían estado haciendo la carrera de bicicleta.

—Hola, hola, ¿se me oye, se me escucha bien? Probando, probando, uno, dos... ¡Buenas tardes! Acercaos, no seáis tímidos. Nos espera una tarde fantástica con música para mover el esqueleto y una estupenda merendola para quien sea capaz de abrir hueco en el estómago. Mi nombre es DJ Álvaro y, al igual que a todos vosotros, me encanta el deporte; pero mi gran pasión, con la que espero poder ganarme algún día la vida, es la música. Cantar es lo mío y espero que esta tarde queráis acompañarme en el concurso de karaoke que hemos preparado. Y sin más preámbulo, ¡¡¡Comenzamos!!!

Hoy me he levantado dando un salto mortal,
Echado un par de ganas a mi sartén
Dando volteretas he llegado al baño,
Me he duchado y he despilfarrado el gel
Porque hoyyyy, algo me diceeee que
¡¡¡Vamos a pasarlo muy bien!!! (4)

Todos los chicos vieron, sorprendidísimos, cómo al ritmo de una de sus canciones preferidas iban apareciendo sus caras en una pantalla gigante, con imágenes en video y fotos de toda la competición de esa mañana.

—En breve os contaré en qué consiste el concurso —continuó Álvaro—, pero, primero, dejadme que presente a mi colaboradora en el juego y en la entrega de premios. ¡Pido un aplauso para Patricia LaGalga!

Al escenario subió una niña de la clase de Mayte, muy simpática y algo cañera, que llevaba siempre puestas (y esa tarde no era una excepción) unas gafas de sol de ciclista. Subió haciendo el signo de la victoria con las dos manos y moviéndose al ritmo de la música.

—Ven aquí, Patricia, vamos a empezar con la entrega de premios. Tengo en mis manos la clasificación para los ganadores en cada modalidad. Si eres tan amable, cuando yo vaya leyendo la categoría dices el nombre del ganador para que suba al escenario a recoger la medalla y el diploma. Por cierto, me han chivado que los ha diseñado una gran artista que además es mamá de dos de las niñas que están hoy por aquí. Vamos a pedirle a la autora que suba a ayudarnos también, ¿te parece? Por favor

—dijo Álvaro dirigiéndose al público que se había congregado en torno al estrado—, ¡Laura VerdeBala, sube al escenario!

La madre de Mayte y Ana respondió con una sonrisa y un aplauso para Álvaro. Enseguida este continuó diciendo:

—El primero de los premios es para el primer clasificado, en este caso primera clasificada, en la prueba de carrera. ¡Qué casualidad! Nuestra primera medalla es para...

Le pasó el micrófono a Patricia, esta se quitó las gafas, las puso sobre su cabeza y leyó, con un grito lleno de emoción:

—¡¡¡Patricia!!!, ¡Ja, ja, ja!, pero si soy yo, ¡¡¡LaGalga!!!

Capítulo 9

El chico de las zapatillas

Después de la entrega de trofeos, en la que la madre de Mayte y Ana resultó ser casi tan protagonista como los propios premiados, el DJ Álvaro continuó con el concurso de karaoke. Patricia, después de la resaca que le supuso ganar su primera medalla, estaba animadísima y no paraba de saltar y brincar en el escenario.

—Esto es lo que vamos a hacer —continuó DJ Álvaro—. Vamos a dejar que suene la música durante unos segundos y cuando yo diga «ya», das a la tecla de «PAUSE» en el PC. Las caras de todos los participantes estarán girando por la pantalla y al pulsar el botón, la imagen quedará congelada en uno de ellos. Tú, que conoces a todo el mundo, dirás su nombre y ella o él subirá al escenario a cantar una estrofa de la canción, con una pequeña coreografía que hemos estado preparando durante la siesta.

> Voy a ganar un premio de los que hacen afición
> Voy a volver a casa con la sonrisa puesta
> Mañana ya si puedo dormiré la siesta
> Pero hoy creo que no, hoy creo que no... (4)

—¡Ya!

En ese momento, quedó congelada en la pantalla la cara de un niño de diez años de la clase de Ana.

—¿Y bien? ¿Cómo se llama esta criatura? Sácanos de dudas, Patricia, por favor.

La niña, con las gafas en su mano y braceando, señaló a media distancia y dijo:

—¡Jaimi Tofrito!

Todos giraron la cabeza y vieron a un chavalín delgado y menudo que parecía moverse como un rabo de lagartija, así de inquietos eran los saltos que daba mientras se dirigía al escenario sin ningún tipo de rubor. Una vez subidas las escaleras, se plantó con las piernas separadas y los brazos en jarras delante de todo el mundo, con una zapatilla de cada color en sus pies.

—Pero bueno, y este personaje, ¿de dónde has salido? —preguntó DJ Álvaro.

—Pues soy Jaimi, tengo diez años y me encanta jugar al fútbol. Pero como en la categoría que me toca hay unos bigardos que más parecen orcos que niños y me tenían «to'frito» ya, pues decidí pasarme al atletismo.

—Muy bien, ja, ja, ja, ja —exclamó DJ Álvaro, uniéndose a la carcajada generalizada de los presentes—. Y las zapatillas una de cada color, ¿me lo explicas?

—Cosas de mi madre. Para que pueda distinguirme bien desde lejos y no pasar desapercibido —contestó el chico con desparpajo.

—Bueno, Jaimi, me alegro que seas un poquito «sobrao» porque verás, tenemos para ti un bailongo que seguro que te va como anillo al dedo... Aunque —continuó DJ Álvaro, pensativo— se me está ocurriendo que podemos hacerlo por equipos. Qué, ¿llamas a tu banda al estrado?

—¡Síí, mola! ¡Subid aquí, Tabletas! ¡David el Gnomo, Javi Erizo, Jose elAntonio, Rubén Barritas y Alex Larios!

Ante los aplausos y silbidos de todos, subió al escenario un grupo de la clase de Ana a los que muchos conocían como los Tabletas.

No es que fueran especialmente malos, más bien al contrario, eran súper divertidos, pero a veces sus travesuras traían de cabeza a los profesores porque, según estos, interrumpían el estudio y agitaban un poco al resto de alumnos. Podían estar explicando en clase el conocimiento del medio rural y los niños, ni cortos ni perezosos, traían el medio rural allí mismo. Solo que el medio rural podía tener patas y pico, y salir andando de debajo de un pupitre.

Ana recordó el día que entre el Gnomo y el Erizo trajeron a clase una seta enorme, pintada como la de los dibujos de la tele, y un patito verde de esos de cuerda. A las cuatro de la tarde, cuando todo estaba en silencio y la clase se afanaba en terminar un control, de repente se oyó *¡Clic, clac, clic, clac, prrrr!*, y, entre el sobresalto de todos, un patito mecánico echó a andar por el medio del pasillo. El susto inicial dejó paso a un revuelo en torno al juguete y solo cuando María Cristina, la profesora, amenazó a los chicos con una visita al despacho del director y coscorrones por duplicado, pudieron recuperar un poco la calma.

El concurso que les propuso DJ Álvaro resultó ser un *mix* de coreografía y tabla de gimnasia, con mezcla de volteretas, pasos
de claqué y *rock 'n roll*.

En un momento dado, los chicos se «enrollaron» y, tendiendo
la mano a algunas niñas de entre la gente (una de ellas Ana),
las sacaron a bailar para terminar juntos el juego. El resultado
fue que muchos se unieron al grupo, chicos y mayores, cantan-
do a voz en cuello y acabando con un griterío tal que DJ Álvaro
optó por no llamar a más candidatos y declarar ganador a los
Tabletas, con Jaimi Tofrito al frente.

—¡¡¡Jaimi, ven aquí!!! ¡Pero bueno, eres todo un campeón! ¡Seguro que eres tú quien tienes «to'frito» a esos orcos del fútbol!
—El público vociferando el nombre de los chicos apenas dejaba a
Álvaro continuar—. Dinos, ¿qué te ha pasado por la cabeza para
convertir este jueguito tan sencillito en un show como el que has
montado?

—Pues mira, Álvaro —y en este momento Jaimi cambió su expresión, se puso serio y se quedó quieto, mirando fijamente a su

interlocutor—, a pesar de mi corta edad, yo ya tengo un pensamiento que me guía y te lo voy a decir. Solo tengo diez años y como niño que soy, me gusta divertirme siempre que no haga daño a los demás.

—Eso que dices está muy pero que muy bien. Y ese lema, ¿cuál es?

—*Mens sana in corpore sano.* ¿A que sabes lo que quiero decir?

Capítulo 10
Un hito histórico

—¡ Listos para el zafarrancho de limpieza! ¡¡¡Todos a una!!!

—¡¡¡Como Fuenteovejuna!!! —dijeron al unísono unas voces sonoras que provenían del fondo del jardín. A medida que se acercaban, las figuras de cuatro jóvenes vestidos con monos de trabajo se hicieron visibles. Llevaban toda la parafernalia propia de los que montan y desmontan escenarios, atracciones y cosas así. Se pasaban las herramientas unos a otros y, poco a poco, los armazones y colchonetas de todo lo que antes había ocupado la amplia explanada se hicieron visibles para, a continuación, meterlos en cajas y subirlos a unos camiones con unas letras enormes en las que se leía «TRANSPORTES TODOS A UNA, COMO FUENTEOVEJUNA» (5). Los jóvenes se arengaban entre ellos, afanándose en la tarea.

—¡Manolo, dale fuerte al destornillador!

—¡Quieres darte prisa, Edu, que no tenemos toda la tarde!

—¡Gonzalo, reparte un poco los martillos, no hace falta que lo hagas a dos manos!

El tal Gonzalo, dándose la vuelta, contestó a quien así le había hablado:

—¡Anda ya, Jorge, que si no me da el reuma!

Mayte, Ana y sus padres echaron un último vistazo al recinto donde había tenido lugar aquella fantástica jornada mientras se dirigían, ya al final de la tarde, de vuelta a casa.

Mayte lo había pasado tan bien que estaba segura que no olvidaría este día en muchos años, tal vez nunca. Su padre había tenido razón. El entrenamiento la semana anterior había estado genial, la había enseñado a esforzarse sin llegar al agotamiento, a conocer la flexibilidad y resistencia de su cuerpo y le había permitido participar en una competición muy dinámica, sencilla y completa a la vez, junto con chicos como ella a los que hasta ese día conocía de forma más o menos directa y con los que había formado un vínculo que esperaba durase mucho tiempo.

—¿En qué piensas? —le dijo su hermana.

—Sabía que me lo iba a pasar bien; es más, lo deseaba, pero el día ha salido mucho mejor de lo que habría imaginado. Ha sido como marcar un hito histórico.

—Hala, ¿de verdad? —dijo Ana, un poco perpleja por lo del hito histórico—. Bueno, en realidad si eso es como algo que ocurre por primera vez, tienes razón —añadió. Ella, sin embargo, se quedó con una escena que había pasado casi al final de la tarde, y que guardaba en su corazón con un pequeño hormigueo.

En el momento de bajar al jardín a hacer la coreografía, uno de los Tabletas, Alex Larios, se había acercado a ella y la había tirado del brazo para sacarla a bailar. La había cogido de la cintura, la había ayudado a hacer la voltereta, incluso la sujetó cuando Ana se torció el tobillo y casi aterriza en el suelo. Cuando él cogió el micrófono para cantar su parte de la canción, se lo acercó a ella para cantar juntos. Ana, que se ponía colorada una vez al año, se puso roja como un tomate. Él se dio cuenta y se echó a reír a carcajadas, y ella sin saber qué hacer, le sacó la lengua y siguió bailando con él.

FIN

Notas

(1) Cipriano, el Vampiro Vegetariano, y otros títulos de la colección. Autor César García Muñoz.

(2) Medalla de oro olímpica propiedad de Virginia Ramírez, jugadora de la Selección Española Femenina de Hockey Hierba, ganadora de la medalla de oro en Barcelona '92.

(3) Max y el Dragón de Arena. El relato que figura en este cuento es obra de Roberto Redondo de Paz, siendo esta su 1ª parte. La 2ª parte que completa el mismo estará disponible en breve. O puede incluso que cuando estés leyendo esta nota, ya la haya terminado...

(4) Adaptación de la letra de la canción *Voy a pasármelo bien* de Hombres G. Esta canción sonó durante la maratón de Madrid el año 2015, tocada por uno de los grupos que actúan durante el recorrido de la misma, a la entrada de la Casa de Campo. En medio del torrencial aguacero de esa mañana, oírla y cantarla supuso un auténtico subidón para mí.

(5) Fuenteovejuna, obra de teatro de Lope de Vega. Además de esta línea que es probablemente la más conocida de la obra, está la que dice «¿Quién mató al Comendador? ¡Fuenteovejuna, señor!» Y no digo más, que si no me acusáis de meter un *spoiler* y desvelar su contenido...

Agradecimientos

Reitero mi agradecimiento a mis Balas Verdes, por compartir e inspirar parte de esta historia; empecé a comprender el significado de "correr no es solo correr" en vuestra compañía. En la época en la que escribí esto estaban los que dan nombre a los personajes —incluso algunos familiares de aquellos prestan su nombre en el relato—, a los que se fueron añadiendo, entre otros: Nacho, Pablo, María, Mila, Teté, Luis, Ana Luisa, Borja, Iraitz, Alfonso y Ángel. Gracias siempre por estar.

Los años y las circunstancias me han llevado por otros derroteros y compañías deportivas que me acompañan en el día a día, me sufren, apoyan y hacen disfrutar cada momento. Muchas gracias al club que ahora me acoge, en especial al grupo con el que entreno y a quien nos guía, Alejandro, un auténtico ser de luz. #Fondistas4Ever.

Mis hijos y mi familia, en la base de todo lo que hago, siguen, apoyan y se sorprenden, por igual, en cada empeño que emprendo. En cada carrera que participo miro al cielo y lo toco pensando en vosotros.

También mis amigas, mi supporter team, que estuvieron en el inicio de mis andanzas corredoras y acompañan en muchas carreras, brindando su entusiasmo y su apoyo logístico.

Citado en último lugar, pero no por ello menos importante aún, Roberto Redondo de Paz, muchísimas gracias por ser parte de esta historia. Soy la primera seguidora de Max.

Biografía

Lourdes Agüero: Mi gran pasión es la lectura y, en un momento dado, empecé a escribir primero de cabeza y luego sobre el papel. Aunque este no es el primer libro que escribo, sí es el primero en su publicación, lo que me hace inmensamente feliz.

En el aspecto deportivo, me uní a toda la afición runner popular hace más de una década, rozando la categoría de Veterana, y he conseguido darle continuidad, pues considero que además del ejercicio físico, cuyas bondades son innegables a todos los niveles, me aporta fuerza interior, objetivos de superación y disciplina. Tengo en mente para el 2025 mi 9ª maratón.

Roberto Redondo de Paz: Terapeuta ocupacional y apasionado de la escritura. Tengo varias obras publicadas, la mayoría de género fantástico. Igualmente, estoy inmerso en la elaboración de guiones cinematográficos.

Lourdes Agüero

APULEYO EDICIONES   FOMENTO DE VALORES   CUENTOS ILUSTRADOS